APOLOGIE
DES
ACTIONS HÉROÏQUES
DE
L'EMPEREUR DES FRANÇAIS,

En comparaison de celle des premiers Rois de France.

Traverses qu'il éprouve dans ses entreprises, qui lui ont mérité la palme impériale, par ses succès et son génie sublime.

Belle réponse à ses Compagnons de voyage, lorsqu'il combattit autant avec Neptune, qu'avec ses ennemis qui n'ont pu l'atteindre.

Prédestinée de la Nature, qui le distingue des autres Hommes.

* * * * * *
* * * * *
* * * *
* * *
* *
*

A PARIS.

DE l'Imprimerie de B. MORISSET, Passage du Caire, Nos. 86 et 87, près l'Horloge.

1805.

Sire,

Le desir de manifester la joie que va ressentir la Société entière, en se nommant pour Monarque, le plus grand Héros de la France, m'ont enhardi dans mes travaux, que depuis deux ans j'ai commencés et qui se trouvent heureusement finis aujourd'hui.

Je me suis donc permis, avant de le soumettre à ce digne Monarque, de donner un historique abrégé des haut faits de cet imitateur des Romains, et des Rois sages des première et seconde race de France.

L'Autorité souveraine a-t-elle toujours résidé dans un seul corps; ou dans le corps entier de la

Nation Française ? A-t-elle eu le droit de se gouverner originairement par des Lois émanées de sa volonté seule ?

Problêmes que je me suis permis de résoudre par l'exposition d'un grand nombre de faits historiques, que je prie Sa Majesté de vouloir bien examiner.

L'on voit, en première analyse, que beaucoup, depuis le 14 Juillet 1789, ont écrit sur ces matières ; mais aussi que plusieurs ont gardé le silence, par respect pour le Français égaré, aussi bien que par rapport à l'état des choses présentes alors.

Plusieurs aussi se sont enfouis d'eux-mêmes par leur opinion bizarre, et d'autres se sont confondus avec la classe immorale pour se donner un titre avec elle.

Mais parmi ceux qui ont été assez généreux pour écrire en faveur de la Nation Française, et traiter de ses droits, reconnaissez un Défenseur Français, de vos jours, qui, comme ancien Rapporteur et Légiste, vient aujourd'hui manifester son opinion, que jusqu'alors, il n'a fait qu'écrire.

Les Français, originairement Peuples libres, se choisirent des Chefs, à qui ils donnèrent le nom de Roi, ou pour faire exécuter les lois qu'eux-mêmes avaient établies, ou pour les conduire à la guerre. (C'était au Champ de Mars ou de Mai qu'elles avaient été dressées).

Ces Assemblées commencèrent avec la Monarchie, et subsistèrent pendant plus de trois siècles, durée de la première Race, suivant la chronologie des Rois de France.

Cependant le droit du Peuple Français était si bien établi dans l'idée commune, que les enfans de Martel, Chef de la seconde Race, se virent obligés de donner un Roi à cette Nation, et de créer des Parlemens qui tenaient lieu de ces Assemblées.

Comme notre Héros du siècle est le digne Monarque des Français, qui l'ont suivi avec autant d'ardeur que de confiance, il me semble que je dois faire en bref le récit de ce qu'a fait Pepin le Bref, sur les traces desquelles, ainsi que sur celles du grand Charlemagne, marche aujourd'hui l'Empereur des Français.

Pepin le Bref, devenu le Chef et le seul possesseur de la Monarchie Française, ne jugea pas même, tout absolu qu'il était, pouvoir aspirer au titre de Roi, dont Childeric III était encore revêtu sans y faire intervenir son Conseil qui était celui de la Nation entière, il ne voulut pas rétablir les Conseils dans la plénitude de leurs anciens droits, pour qu'ils ne fussent pas dans le cas d'abuser quelquefois de l'autorité que le Peuple leur avait transmise, parce qu'il conçut que le Gouvernement despotique et arbitraire, étant absolument contraire au génie de la Nation, et à son droit évident, il était impossible qu'il fût durable.

De même notre Empereur a justement suivi ce principe, qui lui conservera, pour toujours, le titre de Souverain des Français.

Disons donc plus, que le grand CHARLEMAGNE remit toutes choses dans l'ordre, non par une générosité indigeante ou indiscrette, mais par grandeur d'ame et par un sentiment de confiance, après avoir reconnu la tendresse et fidélité que les Français ne pouvaient manquer d'avoir pour un Roi bon et juste. Il le reconnut dans la conquête de l'Italie, par l'ardeur et l'empressement général que chacun mit à le suivre, et par l'abondance des secours qu'ils lui procurèrent.

Il les mena en Allemagne, en Espagne, dans la Panonie, dans l'Illirie, les pays de Scrabes, et enfin dans les fonds du Nord.

Par-tout il les trouva pleins d'affection et de zèle, pour sa gloire, sans que la longueur des marches, la difficulté des entreprises, les dangers de la guerre, les rigueurs des pôles où il les conduisait, pussent les rebuter, leur causer le moindre mécontentement, ni même le plus petit murmure.

Pleins de confiance, ils devinrent des Peuples heureux; et lui, un Roi content par le bien qu'il avait fait, et par celui qu'il pouvait faire à ses sujets.

Ne voyons-nous pas, Français, dans la personne du Souverain actuel, toutes les mêmes qualités, tous les exemples de nos anciens Rois, suivis de point en point; celui de César Auguste, Alexandre le Grand, Pepin le Bref, et du grand Charlemagne qui, tous étaient nos pères communs, comme de ce Héros lui-même?

Mais ne voyons-nous pas aussi que NAPOLÉON est le Souverain d'un monde entier, en comparaison des Rois, que je viens de citer, ce qui rend sa tâche bien pénible.

Cependant n'avons-nous pas vu combien de fois la France touchait à sa ruine, sans le génie, le courage et la fermeté de cet auguste Monarque, au moment où l'on égarait le Peuple par le mot Souverain? Ne nous rappelons-nous pas, tous tant que nous sommes de Guerriers de nos temps, ue l'Italie est devenue notre champ de repos, au moment où il a pris le commandement de l'armée, sans aucune ressource alors?

Pourrions-nous oublier que le bonheur de la France a dépendu de la fermeté et du caractère qu'il nous a imprimé dans le temps même où les Autorités Françaises étaient divisées d'opinion et de parti?

Son entrée en France, revenant d'Italie, n'était-elle pas aussi glorieuse que celle du grand Alexandre quand il revint à Rome?

Oui, Français, rien n'a résisté à ses projets, et dirigé par l'Eternel qui a guidé ses pas et conservé ses jours, parce qu'il connaissait l'étendue de ses desseins, qui étaient connus du Mentor du monde entier; il a survécu à ses ennemis, et a pénétré jusqu'aux plus secrettes pensées des hommes qui tentaient à la destruction de celui que le Roi des Rois vous a choisi pour vous faire parvenir à une paix durable.

En revenant encore au récit de ses grandes actions, les Chefs de l'État qui voulaient alors connaître toute l'étendue de sa puissance, même au-delà des mers et dans des pays qui lui étaient étrangers, l'ont envoyé en Égypte avec une armée formidable.

Des hommes, des chevaux, des vivres et tout ce qui convenait pour une pareille expédition, furent embarqués à Toulon, Gênes, etc. (que sans doute bien des personnes croyaient perdus ainsi que lui-même); mais son génie ayant calculé tout d'un coup-d'œil, et aidé par une inspiration divine, il est débarqué à Malthe et en Égypte avec son armée, s'est rendu maître de la Haute et Basse Égypte, et de tous les pays qui lui étaient assignés.

Notre Immortel Monarque ignorait alors les malheurs qui menaçaient la France et sa malheureuse position; il ne pouvait rien savoir, tant par l'interception qui existait que parce qu'on le regardait comme dans un exil. Cependant le Ciel qui le destinait pour faire le bonheur des Français, et qui voulait éteindre une ligue éblouissante et non utile, permit qu'en dirigeant ses pas il sut, par l'ennemi même qu'il venait de vaincre en entier, que les pays d'Italie étaient de nouveau envahis, que des guerres nouvelles entre la France et l'Empire d'Allemagne s'étaient engagées, au mépris du traité de Campo-Formio, et qu'enfin l'ennemi avait déjà mis le pied jusque dans la Provence, qui sortait d'être le théâtre de la guerre.

Au récit de cette narration déjà connue, que ne doit-on pas penser de sa grandeur d'ame? quand on voit que notre Heros navré, sans s'émouvoir, sans perdre courage, s'armant au contraire de nouveau, conçut le dessein de revenir en France pour y rétablir tout dans l'état où il l'avait laissé.

En effet, ne doit-on pas se rappeler qu'il fit tout préparer *incognito*; qu'il donna des ordres pour faire armer la frégate *la Muron*, l'aviso *la Revanche* et la tartane *l'Indépendance* ? Le Général GANTÔME, destiné pour l'accompagner en France ainsi que ceux qui devaient passer avec lui, ignorèrent tout jusqu'au moment même de l'embarquement. Le commandement en chef de l'armée destiné au Général KLÉBER, et celui en second à notre immortel DESSAIX ne leur fut connu que vingt-quatre heures après son départ, avec l'assurance de la solde de l'armée pendant un an.

Les peines, les soins et les traverses qu'il éprouva même sans revers ne viennent-elles que de lui ? Dieu n'a-t-il pas été son pilote dans sa traversée, et le directeur de sa pensée. d'après tout ce qu'il éprouva avant de débarquer en France ?

Oui. Car, contrarié par Neptune, il ne put sortir de la rade d'Alhoukir; s'il en sort, c'est pour y voir des ennemis qui l'attendent afin d'empêcher l'accomplissement de ses projets, en ous le prenant prisonnier !.... Mais son génie le protège ; on ne peut l'atteindre, ni même l'aviso que l'Anglais avait déjà regardé comme le sien : le Dieu des mers n'ayant pas même été son vainqueur.

De toutes ces narrations, peut-il en exister une plus avantageuse et plus douce pour lui en revoyant, par l'adversité des vents mêmes, l'île qui lui donna le jour, sa mère qu'il rassure et embrasse, les esprits divisés qu'il ramène, ses parens qu'il revoit, et sa route qu'il reprend après avoir fait quarantaine ?

Tous ses dangers ne sont pas essuyés ; car, en sortant de cette île, une forte escadre ennemie se fait appercevoir au loin. Des craintes fondées s'emparèrent du convoi ; mais rien de tout cela ne l'ébranle; et, dans un conseil tenu, il décide du sort des siens et de lui-même par une réponse admirable aux questions agitées au Conseil : *La Fortune ne m'abandonnera pas*, dit-il, *serrons la côte*.

Par cette seule réponse et décision, il évite son ennemi. Il débarque à Fréjus avec ses compagnons de voyage, les Généraux BERTHIER, MURAT, ANDRÉOSSY, le savant BERTHOLET, ses Aides-de-camp, le Chef BESSIÈRE, quelques Arabes et ses Guides, où il est reçu au milieu des acclamations du peuple. Il s'entretient un instant sur le sort de la France, on s'empresse de lui en faire le récit; et, à peine délassé de ses fatigues, revenu de ses craintes, il se met en route pour Paris, où dans un clin-d'œil il ramène l'ordre, en changeant le nouvel état des choses, et en prenant les rênes du Gouvernement.

Que n'a-t-il pas fait alors pour nous tirer de l'esclavage où nous allions tomber, lorsque notre ennemi avait déjà mis le pied dans notre enceinte ?

La bataille de Maringo n'a-t-elle pas décidé de notre sort, en se mettant lui-même à la tête d'une armée qui avec lui nous ont sauvé de tout danger ?

N'a-t-il pas payé le tribut par sa présence dans les affaires d'éclat, en pensant à nous sans penser à lui-même, lors de son Consulat ?

D'après tous ces traits d'héroïsme, d'après ce détail qui n'est qu'un abrégé de ses actions, à qui donc la France doit-elle l'établissement d'un Gouvernement stable, le renversement des partis, la rénovation des mœurs, la régénération du culte et le fondement de notre Empire ?

A Dieu, au génie, peines et constance de NAPOLÉON que l'Éternel dirige.

Ainsi donc, Français, avec un pareil Mentor, quel est le mortel qui viendra lui ravir les droits qu'il s'est acquis autant de la volonté de l'Éternel que de la nôtre ? Nul ne peut lui disputer ce droit.

Oui, SIRE, à vos talens attachés à vos vertus, le plus beau des rangs d'Europe vous était destiné dès votre enfance par la marque distincte dont la Nature a décoré votre personne.

Ce sera donc la fidélité des Français pour leur Prince, et l'affection singulière qu'ils auront pour votre personne, qui déterminera votre Grandeur et Majesté à rendre plus augustes et plus pompeuses vos Assemblées où tout le pouvoir résidera, soit par les sages conseils des grands hommes qui vous entoureront et sans se confondre avec le gros de la Nation, soit par cette admirable uniformité de volontés et de sentimens de tout le peuple avec les vôtres, soit enfin par la pompe et majesté du Service divin qui va se faire en votre présence pour l'édification commune.

Pendant les premières années de votre Règne, on ne verra que des hommes purs et savans qui, avec vous, vont s'occuper des causes majeures et des lois sages qui, une fois rendues vont être mises aux mains des dignes Magistrats que votre Sagesse aura choisis dans la classe d'hommes aussi lettrés qu'intègres, et qui jugeront par rapport à toutes les conditions sans exception, même l'Impériale, comme celle des autres Rois, suivant le principe fondamental que tous les Français étant égaux et justiciables de leurs pareils, les dignités ne changeront le caractère intime formé par la naissance française.

L'on entendra répéter ces vers de Voltaire, si dignes d'être cités dans tous les tems par tous les hommes dont les sentimens sont purs, et qui sont une leçon pour tout être vivant :

Les hommes sont égaux, ce n'est pas la naissance,
C'est la seule vertu qui fait leur différence.

Par HUARD, Capitaine réformé de la 57e demi-Brigade de ligne, demeurant à Paris.

EN L'HONNEUR DE
SA MAJESTÉ IMPÉRIALE.

www.ingramcontent.com/pod-product-compliance
Lightning Source LLC
Chambersburg PA
CBHW061619040426
42450CB00010B/2559